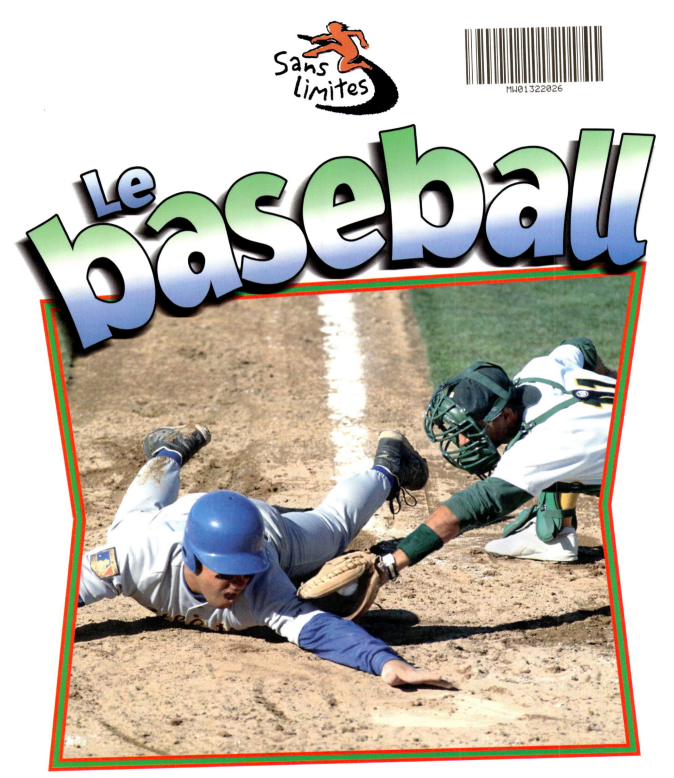

Le baseball

Sarah Dann et John Crossingham

Traduction : Josée Latulippe

Le baseball est la traduction de *Baseball in Action* de Sarah Dann et John Crossingham (ISBN 0-7787-0175-1).
© 2000, Crabtree Publishing Company, 612 Welland Ave., St. Catharines, Ontario, Canada L2M 5V6

Catalogage avant publication de Bibliothèque et Archives nationales du Québec et Bibliothèque et Archives Canada

Dann, Sarah, 1970-

    Le baseball

    (Sans limites)
    Traduction de : Baseball in action.
    Comprend un index.
    Pour les jeunes de 8 à 12 ans.

    ISBN 978-2-89579-289-5

1. Base-ball - Ouvrages pour la jeunesse. I. Crossingham, John, 1974- . II. Titre. III. Collection: Sans limites (Montréal, Québec).

GV867.5.D3514 2010   j796.357   C2009-942619-6

À mes parents, Pat et Bobbie Dann,
qui m'ont toujours appris à m'élancer vers mes buts

Conseiller
Jim Gates, directeur de la bibliothèque, Temple de la renommée et musée du baseball, Cooperstown, New York

Remerciements particuliers à M. John Childs, Mme Kajak, Mme Ricciardelli, Shawn Knott, Tran Duy Binh, Akins Fortune, Kristi Evenden, Lydia Zemaitis, Kelsey Westbrook, Michael Zigomanis, Kyle Derry, Neil Bell, Ali Raza, Fatima Ahmed, Holly Morin, Rachel Ward, Abby Hume et l'école publique Earl Haig ; Blake Malcolm ; Michael Caruso ; Andy DeForest, président du baseball mineur de St. Catharines ; David T. Gagné.

Photos
Jeff Carlick/SportsChrome : page 16 ; Marc Crabtree : page 31 (en haut) ; Bruce Curtis : pages 3, 8 (en haut), 9 (en haut), 10, 15, 20, 22, 23, 27, 31 (en bas) ; Larry Rossignol : page 30 ; Robert Tringali/SportsChrome : pages 17, 26 ; les autres images sont de Digital Stock et EyeWire, Inc.

Illustrations
Barbara Bedell : page 5 ; Trevor Morgan : pages 6-7, 10, 11, 17, 20 ; Bonna Rouse : pages 12-13, 14, 15, 19, 21, 23, 25, 26, 29

Nous reconnaissons l'aide financière du gouvernement du Canada par l'entremise du
Programme d'aide au développement de l'industrie de l'édition (PADIÉ) pour nos activités d'édition.

 Conseil des Arts   Canada Council
du Canada   for the Arts

Bayard Canada Livres Inc. remercie le Conseil des Arts du Canada du soutien accordé à son
programme d'édition dans le cadre du Programme des subventions globales aux éditeurs.

Cet ouvrage a été publié avec le soutien de la SODEC.
Gouvernement du Québec – Programme de crédit d'impôt pour l'édition de livres – Gestion SODEC.

Dépôt légal –
Bibliothèque et Archives nationales du Québec, 2010
Bibliothèque et Archives Canada, 2010

Direction : Andrée-Anne Gratton
Graphisme : Mardigrafe
Traduction : Josée Latulippe
Révision : Sophie Sainte-Marie

© Bayard Canada Livres inc., 2010
4475, rue Frontenac
Montréal (Québec)
Canada H2H 2S2
Téléphone : (514) 844-2111 ou 1 866 844-2111
Télécopieur : (514) 278-0072
Courriel : edition@bayardcanada.com
Site Internet : www.bayardlivres.ca

Imprimé au Canada

Table des matières

Qu'est-ce que le baseball ?	4
Bienvenue sur le terrain	6
Les positions	8
L'équipement de base	10
L'échauffement	12
Au bâton !	14
Élance-toi	16
Faire un amorti	18
Courir autour des buts	20
Voler et glisser	22
Jouer au champ	24
Relayer la balle	26
Lancer	28
Autres sports de balle	30
Vocabulaire du baseball et index	32

Qu'est-ce que le baseball ?

Le baseball est un sport d'équipe très populaire pratiqué partout dans le monde. Deux équipes d'au moins neuf joueurs alternent au bâton et au **champ**. L'équipe au bâton frappe la balle et court autour des buts. Elle obtient des points en touchant les trois buts et le marbre. L'équipe au champ attrape la balle et essaie d'empêcher l'équipe adverse de faire des points. Celle qui marque le plus de points gagne la partie.

Début et fin

Les parties de baseball sont divisées en neuf manches. Au cours d'une manche, chaque équipe a un tour au bâton. L'équipe visiteuse commence une manche en attaque ; celle qui reçoit a son tour au bâton dans la seconde moitié de la manche. Les joueurs au bâton continuent de frapper jusqu'à ce que trois d'entre eux aient été retirés. L'équipe défensive a alors son tour en attaque.

(à droite) Depuis les années 1940, des enfants de partout en Amérique du Nord jouent dans des ligues de baseball amateur.

Un peu d'histoire

Dans les années 1700, en Angleterre, les enfants jouaient au *rounders*. Avec un bâton, les joueurs frappaient une roche et couraient autour de trois poteaux. Les Britanniques ont importé ce jeu en Amérique. Au XIXe siècle, les gens utilisaient des sacs de tissu remplis de sable, car les poteaux causaient des blessures. Les joueurs appelaient les sacs des « buts » (en anglais, *bases*). Bientôt, le jeu prit le nom de « baseball ». Aujourd'hui, le baseball est le sport national aux États-Unis.

Bienvenue sur le terrain

Les parties de baseball sont disputées sur un terrain divisé en deux zones : le champ intérieur (ou l'avant-champ) et le champ extérieur. Le champ intérieur, ou losange, est délimité par des lignes qui relient deux des trois buts au marbre. Le champ extérieur est la zone recouverte de pelouse au-delà du losange.

Au champ

Quand une équipe est au champ, chaque joueur a une position, ou une tâche à accomplir. Trois joueurs sont placés au champ extérieur et quatre à l'avant-champ. Le lanceur se tient sur le monticule, et le receveur, derrière le marbre.

Marquer un point

Un joueur s'amène au bâton. S'il frappe la balle, il court, dans le sens contraire des aiguilles d'une montre, autour des buts, jusqu'au marbre. Le frappeur, désormais un coureur, reste sur le dernier but qu'il a réussi à atteindre jusqu'à ce qu'un de ses coéquipiers frappe la balle. Le coureur marque un point quand il revient au marbre.

Le maître du losange

L'arbitre est la personne responsable du respect des règles. Il se tient habituellement derrière le receveur et juge si les lancers sont des **prises** ou des **balles**. Il détermine également si un coureur est **sauf** ou **retiré** au marbre.

> Le champ extérieur est la zone comprise entre la clôture et la terre battue de l'avant-champ.

> Les lignes de démarcation des fausses balles sont les limites de côté du terrain. Si un joueur frappe la balle à l'extérieur de ces lignes, son coup est hors jeu ; c'est une fausse balle.

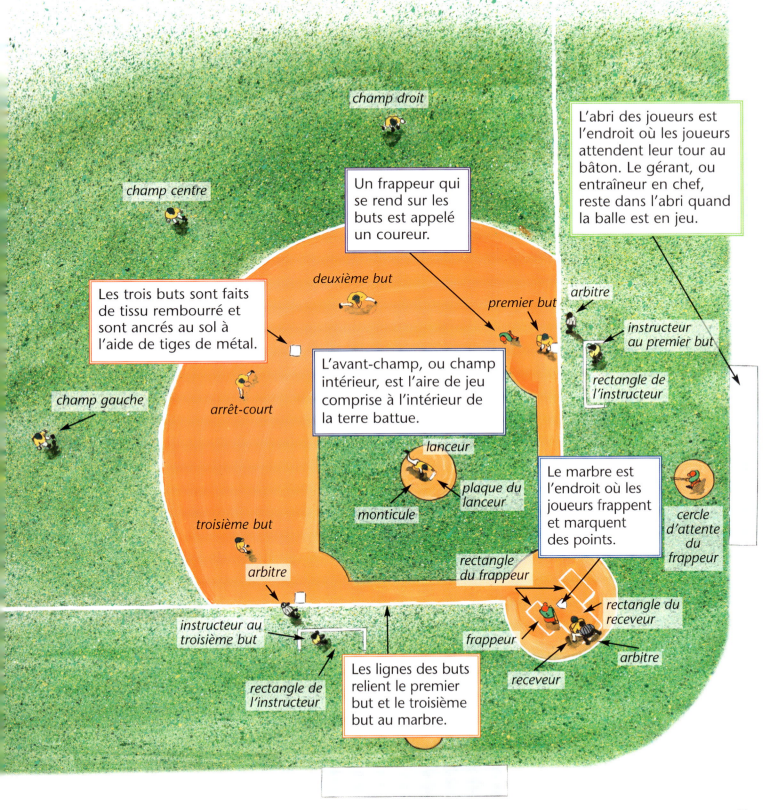

Les positions

Les joueurs de premier but, de deuxième but, de troisième but et l'arrêt-court sont les joueurs d'avant-champ. L'arrêt-court couvre la zone comprise entre le deuxième but et le troisième but. Les joueurs d'avant-champ attrapent la balle frappée au champ intérieur et retirent les coureurs en les touchant avec la balle avant qu'ils atteignent un but ou en faisant un **retrait forcé**. Les voltigeurs ou joueurs de champ extérieur – champ droit, champ gauche et champ centre – captent la balle lorsqu'elle est frappée au champ extérieur et la renvoient à l'avant-champ.

Le lanceur...

On utilise parfois le mot « batterie » pour désigner le tandem lanceur-receveur. La tâche du lanceur consiste à lancer la balle au-dessus du marbre. Il tente d'exécuter des lancers difficiles dans le but de **retirer** le frappeur **sur trois prises**.

... et le receveur

Le receveur s'accroupit derrière le frappeur et attrape les balles que ce dernier laisse passer. Avec la main, il fait des signaux pour indiquer au lanceur quel genre de lancer celui-ci doit effectuer. Il tente aussi de retirer les coureurs qui se dirigent vers le marbre.

Couvrir les buts

Les joueurs de champ intérieur tentent d'attraper la balle avant qu'elle atteigne le champ extérieur. Dès qu'ils sont en possession de la balle, ils la lancent à l'un des buts, celui où ils ont le plus de chances de retirer un coureur. Si un frappeur cogne la balle au champ intérieur, un joueur d'avant-champ pourrait par exemple relayer la balle au premier but pour retirer le coureur, soit par un retrait forcé, soit en le touchant. Si un coureur se dirige vers le marbre, les joueurs de champ intérieur envoient la balle au receveur.

Au champ extérieur

Les voltigeurs de gauche, de droite et du centre couvrent le champ extérieur. Ils étudient la posture du frappeur, c'est-à-dire la position de son corps et de son bâton, ainsi que le genre de balle que le lanceur lui envoie. Ils tentent ensuite de deviner dans quelle direction le coup est susceptible d'être frappé et se préparent à l'attraper. Les voltigeurs ont besoin de bonnes jambes pour atteindre la balle et d'un bras puissant pour la lancer rapidement sur une longue distance.

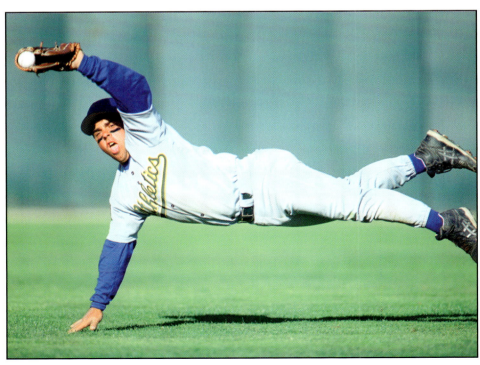

(en haut à droite) Le joueur de premier but attend la balle pour toucher ce coureur et le retirer.

(à droite) Quand une balle est frappée au champ extérieur, le joueur le plus proche devrait crier « Je l'ai ! » pour éviter que les autres voltigeurs courent eux aussi en direction de la balle pour tenter de l'attraper.

L'équipement de base

Tu n'as pas besoin de beaucoup d'équipement pour t'entraîner et développer les habiletés de base du baseball ; il te suffit d'un bâton, d'une balle et d'un gant. Pour jouer une vraie partie, toutefois, il faut aussi trois buts, un marbre, un casque de frappeur et des gants pour tous les joueurs défensifs.

Pour frapper et courir, tous les joueurs doivent porter un casque protecteur en plastique rigide. Le casque protège ta tête si jamais tu te fais frapper par la balle.

visière

La visière des casquettes de baseball et des casques protecteurs protège les yeux du joueur des rayons du soleil.

Les receveurs portent un masque, un plastron et des protège-tibias au cas où ils seraient atteints par la balle.

Des chandails à manches courtes donnent aux joueurs une grande liberté de mouvement quand ils frappent ou lancent la balle.

Les pantalons de baseball sont faits de tissu extensible pour permettre aux joueurs de courir et de glisser facilement.

surchaussettes

La semelle des chaussures de baseball est munie de courtes pointes en plastique appelées « crampons », qui procurent une bonne adhérence sur le terrain.

Les chaussettes de baseball sont blanches.

Les surchaussettes sont des chaussettes de couleur, dont l'extrémité inférieure est formée d'un élastique passant sous le pied ; elles sont portées par-dessus les chaussettes.

La balle

La balle de baseball est petite et dure. Elle est recouverte de cuir. L'intérieur est fait de liège et de caoutchouc ; un fil de laine enroulé fermement enveloppe la partie centrale.

Les gants

Un gant de baseball en cuir protège ta main et t'aide à attraper la balle. Il en existe différents styles, mais tous les gants ont de longs doigts et un panier.

Le joueur de premier but utilise un gant avec un panier plus profond, qui fournit une grande cible et une bonne prise de la balle.

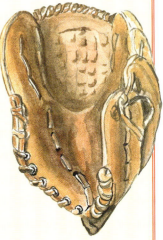

Le bâton

Les joueurs des ligues majeures utilisent un bâton de bois, mais tu peux t'entraîner avec un bâton en aluminium. Assure-toi qu'il est suffisamment léger pour que tu puisses facilement prendre ton élan. S'il est trop lourd, tu auras de la difficulté à frapper.

Le gant des joueurs d'avant-champ a un panier plus petit. Cela leur permet de saisir rapidement la balle pour la lancer. Le gant des voltigeurs est semblable, mais plus grand.

Le gant du receveur – souvent appelé « mitaine » – possède un épais rembourrage pour éviter les blessures à la main.

L'échauffement

Avant de t'entraîner ou de jouer une partie, il est important de t'échauffer et de t'étirer. Cela contribue à prévenir les blessures comme les élongations musculaires. Cela permet également de préparer ton corps à frapper, à courir autour des buts et à lancer la balle. Ces étirements t'aideront à t'échauffer avant de faire les exercices présentés plus loin dans ce livre.

Les rotations du tronc

Écarte les pieds à la largeur des épaules et place les mains sur tes hanches. Garde les pieds bien à plat sur le sol et décris des cercles avec tes hanches. Fais trois cercles vers la droite, puis trois vers la gauche.

Le croisement des jambes

Tiens-toi debout, les jambes croisées à la hauteur des chevilles. Penche-toi lentement vers l'avant pour aller toucher tes orteils. Tes genoux devraient être légèrement pliés. Descends aussi loin que possible. Reste en position cinq secondes, puis relève-toi. Fais cinq étirements ainsi, puis cinq de plus en plaçant l'autre pied devant.

Les rotations des chevilles

Assieds-toi par terre. Plie une jambe de façon à pouvoir saisir ton pied. Fais lentement tourner ton pied. Quand tu as fait dix cercles dans un sens, fais-en encore dix dans l'autre. N'oublie pas de changer de jambe ensuite !

L'étirement en « V »

Assieds-toi par terre, tes jambes formant un « V ». Étire les bras devant toi aussi loin que possible. Reste en position dix secondes, puis redresse-toi. Recommence cinq fois.

Les rotations des bras

Décris de grands cercles avec les bras. Fais des cercles de plus en plus petits, jusqu'à ce que tes bras soient à la hauteur de tes épaules, et les cercles, tout petits. Puis bouge les bras dans l'autre sens, en commençant par de petits cercles pour terminer par des grands.

L'étirement du cou

Penche la tête vers l'avant, le menton pointant vers ta poitrine. Fais lentement pivoter ta tête vers une épaule, puis vers l'autre. Déplace ta tête jusqu'à l'épaule, sans aller trop loin. Ne la penche jamais vers l'arrière.

Les fentes

Écarte les jambes le plus possible. Plie un genou et garde l'autre jambe bien droite. Place les mains sur ton genou plié et compte lentement jusqu'à cinq. Fais cinq fentes de chaque côté.

Au bâton !

Frapper la balle nécessite beaucoup d'entraînement. Pour bien frapper, ton élan doit être puissant et régulier. Les frappeurs talentueux arrivent à cogner la balle si fort qu'ils la projettent à l'extérieur du stade de baseball ! Quelques-uns arrivent même à contrôler dans quelle direction ils l'envoient.

Si la balle se dirige vers ta zone de prises, comme on le voit plus bas, le lancer compte pour une prise, que tu t'élances ou non. Après trois prises, tu es retiré. Si le lancer est à l'extérieur de la zone des prises et que tu ne t'élances pas, il compte pour une **balle**. Après quatre balles, tu obtiens un but sur balles et tu te rends au premier but.

L'entraînement : la clé du succès

1. Attends le lancer en position du frappeur, les jambes écartées, les genoux légèrement pliés. Saisis le bâton, les mains l'une au-dessus de l'autre, les doigts collés. Tes mains devraient être à la hauteur de ton épaule. Place-toi confortablement en position. Ne dépose pas le bâton sur ton épaule.

2. Déplace le bâton vers l'avant, en transférant ton poids de ton pied arrière à ton pied avant. Ton pied arrière pivotera, et ton talon se soulèvera. En t'élançant, tourne les hanches pour que le bas de ton corps se retrouve face au lanceur. Ne quitte pas la balle des yeux et projette le bâton au-dessus du marbre.

3. Après avoir frappé la balle, assure-toi de poursuivre ton élan avec le bâton jusqu'à l'autre épaule. Puis laisse tomber le bâton – ne le lance jamais – et cours au premier but le plus vite possible.

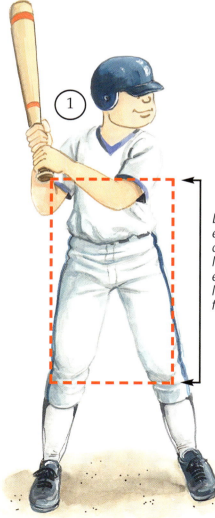

La zone des prises est située au-dessus du marbre. C'est l'espace compris entre les genoux et les aisselles du frappeur.

Balle ou prise?

Chaque fois que tu t'élances sans réussir à toucher la balle, tu récoltes une prise. Tous les frappeurs redoutent d'obtenir trois prises et de perdre leur tour au bâton. Les fausses balles comptent aussi pour des prises, mais habituellement pas pour une troisième prise (va voir à la page 18). Tu n'es pas obligé de t'élancer à chaque lancer, mais lorsque la balle arrive, tu as seulement une fraction de seconde pour décider si tu peux ou non la frapper.

(à droite) Le lancer est trop bas et à l'extérieur de la zone des prises. Le frappeur le laisse passer. C'est une balle.

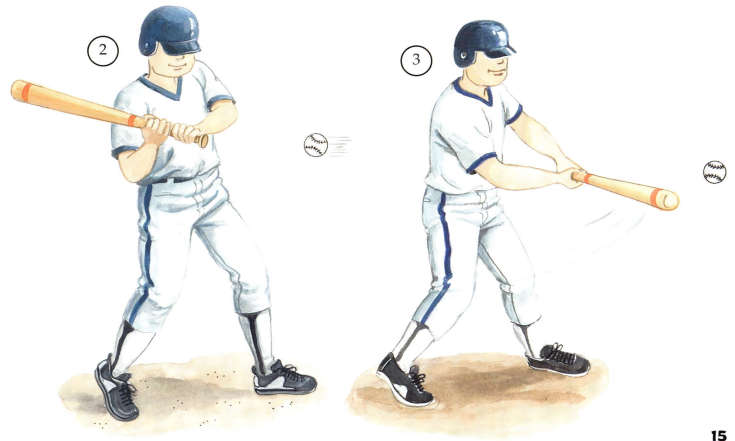

Élance-toi

Apprendre comment et quand t'élancer est la première étape pour devenir un excellent frappeur. Tout le monde rêve de projeter la balle à l'extérieur du stade et d'ainsi réussir un **circuit**, mais il existe d'autres façons de frapper. Une balle frappée fort et bien haut dans les airs ou au sol avec adresse contribue aussi à faire marquer des points. Il est également important de contrôler la direction de la balle ; cela te permet de viser une zone du terrain qui n'est pas couverte par un joueur adverse.

En plein centre

Quand tu es au bâton, essaie de frapper le milieu de la balle, comme ce garçon. Son coup passera par-dessus les joueurs d'avant-champ et touchera le sol avant d'atteindre les voltigeurs. C'est ce qu'on appelle un « coup en flèche ». Évite de frapper le haut ou le bas de la balle. Toucher le haut de la balle produit un roulant. Ce genre de coup rebondit sur le sol et est facilement capté par les joueurs d'avant-champ. Une balle frappée dans la partie inférieure entraîne une chandelle, ou ballon, qui monte haut dans les airs ; les joueurs de l'équipe défensive ont largement le temps de se déplacer pour l'attraper.

En douceur

Avec ton bâton, élance-toi au niveau de la zone des prises. Quand tu te sentiras à l'aise dans ton élan, essaie de frapper une balle. Demande à un partenaire de jouer le rôle du lanceur. Tiens-toi en position du frappeur, regarde attentivement la balle et fais un élan complet avec ton bâton. N'oublie pas de prolonger ton mouvement. Alors, as-tu frappé la balle ?

Quand tu réussiras à frapper presque tous les lancers, essaie d'envoyer la balle dans différentes directions. Installe trois cibles : une à ta gauche, une à ta droite et l'autre devant toi. Efforce-toi d'envoyer la balle vers chacune. Laquelle est la plus facile à atteindre ?

(en haut) Aller au parc avec un parent et des amis est une excellente façon de t'entraîner à frapper, à attraper et à lancer la balle. Vous n'aurez besoin que d'un bâton, d'une balle et de quelques gants.

Faire un amorti

Les frappeurs tentent habituellement de cogner la balle aussi fort que possible, mais il arrive qu'ils trompent les joueurs adverses en la touchant très légèrement. C'est ce qu'on appelle un « amorti ». Ce coup force les joueurs de champ intérieur à courir vers le marbre pour saisir la balle, donnant plus de temps au frappeur pour se rendre au premier but. Lorsque tu fais un amorti, essaie de diriger la balle vers la ligne des buts. Si elle roule trop loin, un joueur d'avant-champ la ramassera rapidement et tentera de te retirer. Si ton amorti n'est pas assez puissant, le receveur s'emparera de la balle et la lancera au premier but. Même lorsque tu prévois faire un amorti, tiens-toi en position de frappeur pour tromper les joueurs de l'équipe adverse. Dès que le lanceur prend son élan et tire la balle derrière sa tête, déplace tes pieds pour lui faire face et glisse ta main du haut environ jusqu'au milieu du bâton. Relève le bâton à la hauteur de ta poitrine. Éloigne le bâton de ton corps, tout en gardant les coudes près de celui-ci.

Un frappeur avec deux prises doit être prudent lorsqu'il tente un amorti ; si son coup est une fausse balle, celle-ci comptera comme troisième prise.

Tout doucement

Un amorti nécessite un contact beaucoup plus doux que lorsqu'on frappe la balle normalement. Quand la balle touche le bâton, tire sur le bâton avec ta main du haut. Ce mouvement empêchera la balle de rebondir fortement. Rappelle-toi : tu ne veux pas frapper la balle très loin. Pour t'entraîner à établir un contact léger avec la balle, trace une ligne à environ cinq grands pas de l'endroit où tu te tiens. Demande à un ami de te lancer la balle. Essaie de faire un amorti sans que ton coup dépasse la ligne.

Souviens-toi de garder les mains derrière le bâton pour éviter les blessures aux doigts.

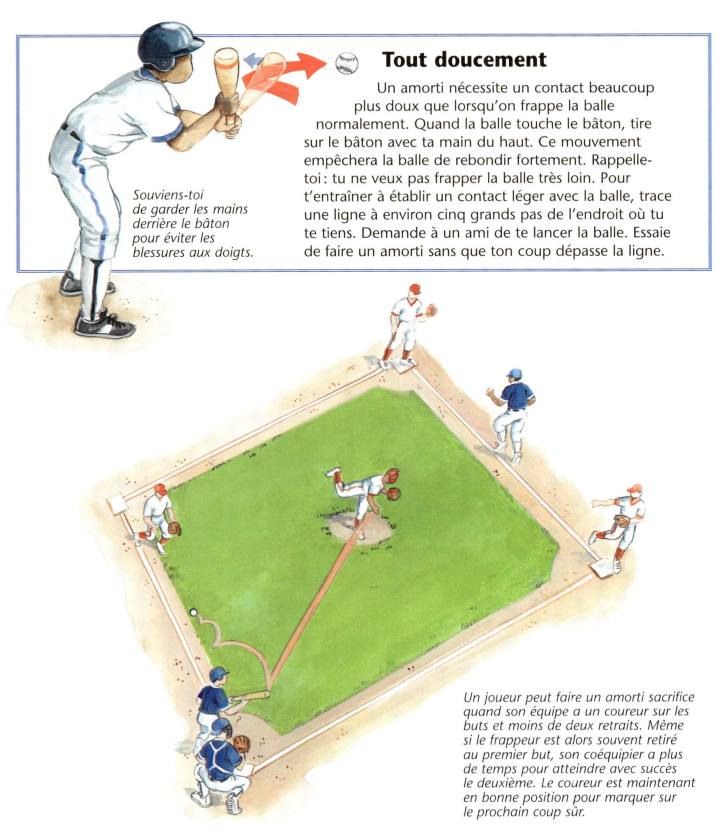

Un joueur peut faire un amorti sacrifice quand son équipe a un coureur sur les buts et moins de deux retraits. Même si le frappeur est alors souvent retiré au premier but, son coéquipier a plus de temps pour atteindre avec succès le deuxième. Le coureur est maintenant en bonne position pour marquer sur le prochain coup sûr.

Courir autour des buts

Après avoir frappé la balle, la prochaine étape consiste à te rendre sain et sauf au premier but. Une fois arrivé au premier, tu peux décider de courir ou non vers les autres buts, et même jusqu'au marbre. Pour passer d'un but à un autre, tu dois courir vite et prendre des décisions rapides. Lorsque tu te trouves sur un but, tu dois te tenir prêt à courir au but suivant dès que la balle est frappée. Ton instructeur au premier but ou au troisième but t'indiquera quand courir et quand demeurer sur ton but.

Ce coureur a traversé le marbre avant qu'un joueur puisse lancer la balle au receveur. L'arbitre tend les bras pour indiquer que le coureur est sauf.

Ne t'arrête pas !

Un coureur qui n'est pas en contact avec le but peut être retiré s'il se fait toucher. Pour te retirer, un joueur de l'équipe adverse doit te toucher avec la balle. Il existe une seule exception à cette règle : lorsque tu cours au premier but. Pour pouvoir courir plus rapidement, tu as le droit de dépasser le but sans t'arrêter, puis de ralentir après avoir touché le premier. Le joueur de premier but ne peut pas te toucher avec la balle avant que tu sois retourné sur le but.

Retiré ! Le joueur a reçu la balle à temps pour toucher le coureur.

Courir sur la ligne

Lorsque tu cours autour des buts, tu dois demeurer sur la ligne des buts. Tu n'as pas le droit de t'éloigner à plus d'un mètre de celle-ci.

Si le coureur et la balle arrivent au but en même temps, l'arbitre doit décider si le joueur est sauf ou retiré.

21

Voler et glisser

Quand tu te tiens sur un but, la distance à parcourir pour te rendre au but suivant peut te sembler longue. Battre de vitesse une balle lancée avec force peut être difficile. Les coureurs ont donc des trucs pour les aider à se rendre plus rapidement au but suivant. Plusieurs coureurs se donnent une petite **avance**. Ils se tiennent à quelques pas du but. Chez les plus jeunes joueurs, cela est toutefois interdit ; les coureurs ne peuvent pas quitter les buts avant que le lanceur ait envoyé la balle au frappeur.

Regarde avant de sauter

Attention quand tu t'éloignes du but, car tu pourrais être retiré si un adversaire te touche avec la balle. Le lanceur surveille de près les coureurs et, si tu t'écartes trop du but, il pourrait se retourner et lancer rapidement la balle à son joueur. Tu dois revenir avant que ton adversaire attrape la balle et te touche.

La glissade

Quand tu glisses, le joueur adverse a plus de difficulté à te toucher pour te retirer, parce que tu étends ton pied devant le reste de ton corps. Ton pied constitue une cible plus petite et donc difficile à atteindre. Pour glisser, cours, puis lance une de tes jambes bien droit devant toi. En même temps, soulève ta jambe arrière et glisse-la en avant sous ton autre jambe. Pour ce faire, penche-toi en arrière, garde la tête et les épaules bien droites, face à l'avant. C'est le côté de ton dos, et non le genou glissé sous ta jambe, qui devrait toucher le sol en premier.

Au voleur !

Au lieu d'attendre qu'un coéquipier réussisse un coup sûr, un coureur peut décider de voler un but. Pour y arriver, assure-toi de prendre une certaine avance. Surveille attentivement le lanceur. Quand tu es sûr que la balle a quitté sa main en direction du marbre, cours aussi vite que possible jusqu'au but suivant. Il suffira de quelques secondes pour que la balle atteigne le gant du receveur, et celui-ci tentera alors de te retirer. Ne regarde pas en arrière avant d'être arrivé ; cela ne pourra que ralentir ta course.

Cette joueuse se fait prendre en tentant de voler le marbre. Elle essaie de retourner au troisième but sans se faire retirer par la receveuse.

Jouer au champ

L'équipe défensive cherche à retirer trois adversaires le plus rapidement possible. Les joueurs de champ doivent avoir des réflexes aiguisés pour intercepter n'importe quel genre de coup ou de lancer. S'ils ratent la balle, cela pourrait coûter des points à leur équipe !

Retiré !

Il existe trois façons pour un joueur de champ de retirer un adversaire. La première consiste à saisir une balle frappée avant qu'elle atteigne le sol. La deuxième, à toucher le coureur avec la balle qu'il tient dans sa main ou dans son gant. La dernière façon de retirer un coureur s'appelle le « jeu forcé ».

Le jeu forcé

Deux coureurs ne peuvent pas se trouver en même temps sur un même but. S'il y a un coureur au premier but et que le frappeur obtient un coup sûr, le coureur doit avancer au deuxième but pour laisser la place à son coéquipier qui arrive au premier. Quand un joueur est forcé de passer d'un but à un autre et qu'un adversaire en possession de la balle touche le but avant le coureur, celui-ci est retiré.

Ce voltigeur attrape la balle avant qu'elle sorte des limites du terrain.

Attraper une chandelle

Capter une chandelle exige de la concentration. Déplace-toi rapidement en surveillant la balle dans les airs. Continue de courir jusqu'à ce que tu te trouves sous la balle, puis étire-toi pour la saisir. Les doigts de ton gant devraient être vers le haut. Place ton autre main derrière ton gant pour le garder en équilibre et bien stable. Après avoir attrapé la balle, observe le jeu pour savoir où tu dois la relayer. Assure-toi d'avoir bien capté la chandelle avant de regarder autour de toi ; sinon, tu risques de te faire frapper par la balle.

Capter un roulant

Les roulants semblent faciles à saisir, mais ils font parfois des bonds ou prennent une direction inattendue en frappant un sol irrégulier. Quand la balle s'approche, prépare-toi à bouger vers la droite ou vers la gauche. Tiens-toi toujours devant la balle pour l'attraper.

Pour t'entraîner à intercepter les roulants, demande à un ami de te lancer ou de faire rouler la balle à ta gauche ou à ta droite. Déplace-toi pour cueillir la balle, puis relance-la à ton partenaire. Quand tu maîtrises bien les roulants, tu peux passer aux chandelles.

Relayer la balle

Le relais de la balle est une partie importante du jeu défensif. Quand la balle est frappée vers toi et qu'un coureur se dirige vers un but, tu dois attraper la balle et la relayer rapidement et avec précision au bon but. Si ton coéquipier n'arrive pas à capter la balle, le joueur ne pourra pas être retiré.

(à gauche) Ce joueur se concentre sur sa cible. Apprends à lancer la balle sans te laisser distraire.

Fais face à ta cible. Ramène la balle derrière ta tête et fais pivoter ton bassin. Du côté où tu portes le gant, ton épaule devrait pointer vers la cible. Ton poids devrait être placé principalement sur ta jambe arrière.

En avançant, projette le bras qui lance la balle vers l'avant, dans un grand mouvement circulaire. Ton corps pivotera au moment de lancer, ramenant ton épaule vers l'avant. Tiens la tête bien droite et fixe ta cible. Relâche la balle quand elle arrive devant toi. Prolonge et complète le mouvement circulaire de ton bras.

Jouer sous pression

Il est facile de devenir nerveux quand le score est serré. Certains joueurs sont tendus et ratent la balle, la laissent tomber ou la lancent dans la mauvaise direction. Ces erreurs peuvent empêcher leur équipe de retirer un coureur.

Pour t'entraîner à relayer la balle lorsque tu joues sous pression, demande à un ami de t'aider. Lancez-vous la balle comme si elle était en feu. Vous devez vous débarrasser de la balle dès qu'elle touche votre gant. Essayez de lancer avec précision pour ne pas avoir à trop vous déplacer pour attraper la balle.

Ce joueur de deuxième but a attendu en vain un lancer qui n'est jamais venu ! Le coureur glisse au but. Sauf !

Le relais hors portée

Un joueur pressé de relayer la balle manque parfois de précision. Lorsque cela se produit, il arrive que la balle aille trop loin, par exemple si elle passe par-dessus la tête du coéquipier. C'est ce qu'on appelle un « relais hors limites ». À droite, le joueur de troisième but s'étire pour tenter d'attraper le relais, mais son coéquipier avait lancé la balle trop haut et trop fort. Entre-temps, le coureur glisse sur le but ; il est sauf.

Lancer

Lancer est l'habileté la plus compliquée à acquérir au baseball. Les lancers doivent à la fois traverser la zone des prises et être difficiles à frapper. Les lanceurs possèdent souvent une variété de tirs pour déjouer les frappeurs. Balles rapides, **balles courbes**, **tire-bouchons**, **balles papillon** et **balles à changement de vitesse** sont différents types de lancers utilisés pour surprendre l'adversaire.

Le mouvement du lanceur

Il est important de bien prendre son élan pour se préparer à lancer. Dans tes temps libres, tu peux t'entraîner à faire ces mouvements, sans balle. Tiens-toi devant un miroir et exécute lentement ton élan. Regarde attentivement des lanceurs d'expérience et étudie leur façon de bouger.

Lancer avec précision exige tout un entraînement. Si un lanceur n'arrive pas à lancer des prises, son équipe ne peut pas gagner!

1. Tiens-toi debout, les deux pieds face au frappeur. Fais un pas vers l'arrière avec ton pied gauche. En même temps, lève les mains juste au-dessus de ton front.

La position du lanceur

Cette position s'adresse à un lanceur droitier. Si tu es gaucher, inverse la gauche et la droite dans les instructions.

2. Fais pivoter ton pied avant vers la droite. Ce mouvement s'appelle le « pivot ». Ramène ton pied gauche vers l'avant et lève le genou devant ton corps. Tu devrais être en équilibre sur un pied. Tes mains se trouvent au-dessus du genou plié.

La balle rapide

Les jeunes lanceurs devraient commencer en servant uniquement des balles rapides. Les autres types de lancers peuvent entraîner des blessures au bras s'ils sont mal exécutés. Ces illustrations montrent comment saisir la balle pour lancer une balle rapide.

3. Tire le bras qui lance vers l'arrière et fais un pas vers le marbre avec ton pied gauche. En avançant, décris un cercle complet avec ton bras. Relâche la balle au moment où ton pied touche le sol. Rappelle-toi de compléter ton élan.

Autres sports de balle

D'autres sports se pratiquent avec un équipement et des règlements semblables à ceux du baseball. Le cricket est populaire un peu partout dans le monde. Deux équipes de onze joueurs s'y affrontent. La batte de cricket est plate et plus large qu'un bâton de baseball. À la place des buts, les joueurs courent d'un **guichet** à un autre pour marquer des points.

Deux batteurs se tiennent sur la ligne de service. Le lanceur envoie la balle à l'un des batteurs (le lancer peut s'effectuer par-dessus l'épaule ou par-dessous, au niveau de la taille). Les joueurs à la défensive doivent attraper la balle à main nue puis l'envoyer vers l'un des guichets. S'ils renversent l'un des barreaux du guichet, le batteur est retiré.

De proches parents

D'autres sports utilisent aussi un bâton et une balle. Plusieurs d'entre eux, très semblables au baseball, sont populaires en Amérique du Nord et dans le monde.

Des lancers différents

La principale différence entre la plupart des sports de balle est le style de lancer. À la balle molle, les lanceurs utilisent une balle plus grosse qu'ils lancent par-dessous, au niveau de la taille. La distance entre le monticule et le marbre est moins grande qu'au baseball, et les buts sont plus près les uns des autres. La balle lente est un sport aux règlements semblables à ceux de la balle molle; le lanceur lobe la balle, c'est-à-dire qu'il la lance lentement et bien haut dans les airs, en direction du frappeur.

(en haut) Au tee ball, *personne ne lance la balle! Plusieurs jeunes jouent au* tee ball *avant de jouer au baseball pour apprendre à frapper la balle.*

La balle molle est populaire tant chez les jeunes que chez les adultes. Plusieurs pays ont des équipes nationales masculine et féminine.

Vocabulaire du baseball

avance Se tenir à quelques pas du but avant même que le lanceur ait complété son lancer, pour se rendre plus rapidement au but suivant

balle Lancer sur lequel le frappeur ne s'élance pas et qui ne traverse pas la zone des prises

balle à changement de vitesse Balle qui ressemble à une balle rapide, mais qui arrive au marbre beaucoup plus lentement

balle courbe Lancer qui décrit une courbe en direction opposée au bras qui lance la balle

balle papillon Lancer lent avec beaucoup de mouvement, que le lanceur provoque en saisissant la balle avec le bout de ses doigts

champ Position défensive qui consiste à attraper la balle pour tenter de retirer les frappeurs

circuit Coup sûr qui permet au frappeur de toucher les quatre buts sans se faire retirer

instructeur (de but) Instructeur qui se tient près du premier but ou du troisième but et qui indique aux joueurs quand courir

guichet Au cricket, élément formé de trois piquets surmontés de deux barreaux amovibles

prise Une tentative ratée de frapper la balle ; balle lancée dans la zone des prises

retiré Décrit un joueur qui est mis hors jeu par l'équipe adverse

retrait forcé Jeu dans lequel un coureur doit avancer au but suivant et où le joueur de l'équipe adverse en possession de la balle touche le but avant le coureur

retrait sur trois prises Trois prises lancées par le lanceur, retirant le frappeur

sauf Désigne un joueur qui se rend sur les buts sans se faire retirer

tire-bouchon Lancer qui décrit une courbe en direction inverse de la balle courbe

Index

Amérique du Nord 4, 5, 31
amorti 18, 19
arbitre 6, 7, 20
arrêt-court 7, 8
avance 22, 23
balle molle 31
balle rapide 28, 29
bâton de baseball 10, 11, 14, 16, 17, 18, 30, 31
champ (jouer au) 4, 6, 24, 25, 26
champ extérieur 6, 7, 8, 9, 11, 16, 24
champ intérieur (avant-champ) 6, 7, 8, 9, 11, 16, 18

chandelle 16, 24, 25
circuit (coup de) 14, 16
cricket 30
équipement 10, 11, 30
exercices 12, 13
fausse balle 6, 15
frapper 4, 6, 11, 14, 15, 16, 17, 19, 31
gant 10, 11, 17, 24, 27
glisser 22, 23, 27
instructeur 7, 20
lancer 28, 29
lanceur 7, 8, 14, 15, 18, 22, 23, 31

losange 6, 7
manche 5
marbre 4, 6, 7, 8, 9, 20
points 4, 6, 30
prise 6, 8, 14, 15, 28
receveur 7, 8, 9, 10, 11, 18, 20, 23
recevoir 9, 11, 16, 24, 25, 27
relayer la balle 8, 9, 11, 12, 17, 26, 27, 28, 29
roulant 16, 25
tee ball 31
vol de but 22, 23
zone des prises 14, 15, 17